I.

DE LA NÉCESSITÉ

DE

METTRE EN ACCUSATION

UN OU PLUSIEURS MEMBRES

DU

DERNIER MINISTERE.

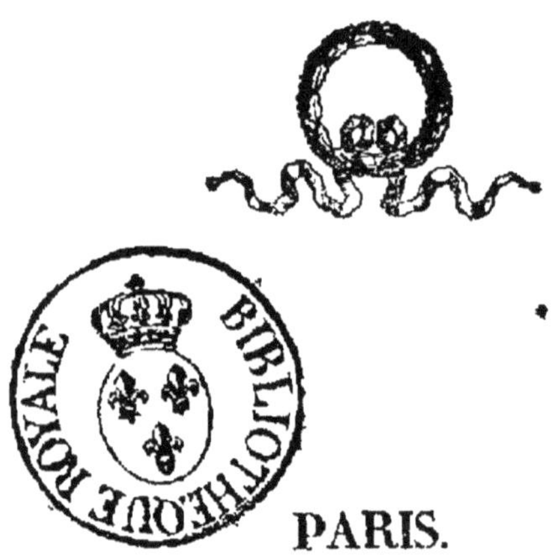

PARIS.

SAUTELET ET Cie, LIBRAIRES,

PLACE DE LA BOURSE.

1828.

DE LA NÉCESSITÉ

DE

METTRE EN ACCUSATION

UN OU PLUSIEURS MEMBRES

DU

DERNIER MINISTÈRE.

Lorsque M. Lafitte déclara, à la fin de la dernière session, que les ministres méritaient d'être accusés pour avoir conseillé le licenciement de la garde nationale parisienne, on les vit frémir sur ce banc où ils étaient d'ordinaire si fermes dans leur impunité. Le président du conseil alla jusqu'à paraître renvoyer au trône la responsabilité d'un tel acte.

Qui causait leur peur? leur timide conscience, celle des hommes qui se courbaient autour d'eux? Ces hommes, la France les a licenciés à son tour, et aujourd'hui qu'une servilité quotidienne ne sera plus l'ordre du jour pour la Chambre des Députés, aujourd'hui que les coupables ne peuvent plus se retrancher derrière le monstrueux pouvoir qui fit leur culpabilité même; lorsqu'ils ont, chose incroyable, trouvé moyen, depuis la dernière session, d'ajouter encore à tant d'attentats, par la censure, par l'irruption contre la Chambre des Pairs, par les manœuvres électorales; lorsqu'enfin ce n'est plus seulement un député qui fait entendre ce qui n'était qu'une menace, devant une majorité telle qu'on peut à peine encore se la bien figurer; répété par toute la France, forte de l'exemple qu'elle vient de donner, ce mot d'accusation a bien une autre portée qu'au jour où il fut prononcé pour la première fois, et l'on ne saurait trop le faire retentir.

Dès cette fois, cependant, et malgré la sauvegarde de leur position, les coupables conçurent tout ce que ce mot, presqu'inconnu de la tribune, pouvait semer de périls contre eux, en remuant un terrain où ils ne s'étaient point encore vus placés. A défaut de craintive conscience, l'instinct inquiet de la conservation leur apprenait qu'il est des dangers dont le nom seul porte malheur, et que leur invraisemblance même rend plus redoutables lorsqu'elle n'a pu déconcerter l'espèce d'inspiration qui les évoque. Leur sécurité se décontenança elle-même, tressaillit en sursaut à cet appel étrange, ils sentirent qu'une autre chambre pourrait bien relever des paroles jetées dans l'avenir ; et méditant déjà cette dissolution à laquelle nous devons aussi la joie de les avoir vus se renverser follement eux-mêmes, ils ne purent entendre sans émotion qu'une révélation subite vint, au moment même où ils semblaient le plus triompher, au lit de mort d'une assemblée exténuée d'asservissement et de malfaisance, saluer l'assemblée future par des paroles d'un sinistre augure pour eux.

Aussi est-il à regretter que la proposition de la mise en accusation des ministres n'ait pas été faite formellement ; ce qu'elle avait d'inutile alors n'en eut que mieux prouvé ce que ses motifs avaient d'impérieux. C'eut été comme un héritage préparé pour une assemblée nationale, le seul qu'elle accepterait de la leur, rejettant ce que celle-ci a accueilli, adoptant ce qu'elle eut rejetté. Puis on se trouverait avoir au moins pris date, s'être fait une sorte d'antécédent, on n'aurait plus pour ainsi dire qu'à fouiller dans les procès-verbaux de la chambre. On pourrait dire enfin : les coupables l'étaient à ce point qu'au jour même de leur triomphe, au sein d'une assemblée qui en partageait avec eux l'injure et les fruits, au moment où ce licenciement de la garde citoyenne proclamait le délire de leur violence et semblait tout lui abandonner, nous, isolés dans cette foule, nous avons été contraints irrésistiblement par notre conscience à demander leur châtiment même à leurs complices, et que ne pouvant l'obtenir nous l'avons pourtant réclamé.—Aujourd'hui qu'il est possible, ne sera-t-il obtenu ni réclamé du moins?

Au surplus, la chambre nouvelle n'en aura que plus l'honneur tout entier de faire justice. C'est à elle à prendre ce grand procès dès le commencement, comme à la Chambre des pairs à le conduire à sa fin. Par là l'une expliquera d'autant mieux la marche qu'elle a suivie, l'autre ne peut mieux caractériser celle qu'elle doit suivre.

Quant à l'auteur de cet écrit, s'il mêle quelques efforts à d'aussi notables débats; si pour la première fois, il exprime publiquement son opinion, c'est qu'elle est celle de tout le monde dans une question qui, plus que toute autre, intéresse chacun. Distincte entre mille par sa nature et ses circonstances, cette question est remarquable aussi par les caractères, plus frappans que jamais, d'un intérêt commun uniformément jugé, par ceux qui donnent à quiconque besoin et droit de s'en occuper, certitude d'être d'accord avec tous et de parler au nom de tous, aptitude à la traiter sans autre mission que celle d'une conviction sincère. Dans ces temps où un sentiment impérieux, universel, donna aux masses une impulsion pareille, ce fut souvent un cri parti de la foule qui exprima puissamment tout ce qui les animait.

Un autre caractère frappant et singulier de la question, c'est qu'on puisse, c'est qu'il faille, en demandant une mise en accusation, commencer autrement que par l'exposé des faits inculpés. La culpabilité est si bien reconnue que ce n'est pas elle qu'il devient avant tout important de constater, et, chose étonnante à côté d'une telle évidence, ce qu'il faut prouver surtout, non pas certes à la nation, mais à ceux qui la représentent, ce dont on est moins pénétré, sans qu'on puisse bien dire comment ni pourquoi, c'est la nécessité du châtiment. C'est elle donc que je m'attacherai d'abord à faire ressortir; je reviendrai dans une seconde partie sur la culpabilité elle-même, et terminerai par quelques réflexions sur les questions qui peuvent résulter de l'absence d'une loi sur la responsabilité ministérielle.

Si je ne désigne pas tel ou tel entre les membres de la dernière administration, c'est qu'il importe peu aux dédains de la France que la répression atteigne celui-ci ou celui-là ; si je ne les signale pas tous, c'est qu'il y a du choix, c'est au moins parce qu'on en voudra faire sans doute. Que le principe de la responsabilité ministérielle soit mis en vigueur, ne fût-ce qu'à l'égard d'un seul, dans une occasion unique, et qui, par tant de motifs, rend son application impérieuse, juste, opportune, voilà ce qu'il s'agit surtout de faire prévaloir. L'auteur de cet écrit ne met d'animosité ni d'importance à désigner l'un ou l'autre des ministres accusables ; et quant au but qu'il se propose, il sera d'autant mieux atteint que l'ensemble de la question sera présenté sous l'aspect le plus absolument vrai, le moins restreint aux individus. Les juges sauront bien reconnaître ceux ou celui sur qui la responsabilité doit surtout peser, et il semble même que cette désignation appartienne spécialement à une enquête judiciaire. Au reste, je reviendrai plus tard sur ce point, en traitant de la culpabilité en elle-même.

Il va sans dire qu'en inculpant le système suivi par la dernière administration, je négligerai tout ce qui est étranger à l'existence politique de ses membres. Alors qu'il dominait, je sais bien que ce n'est pas seulement sous la simarre, *non solùm togâ*, que la presse a poursuivi celui des ministres qui l'a persécutée avec le plus de fureur; mais c'est sur le terrain des choses politiques qu'il faut retenir les coupables en les y enfermant dans cet amas d'actes et de considérations qui les condamnent, pour que l'accusation soit compacte et serrée, pour qu'elle ne s'occupe que de ce que le jugement doit peser lui-même: ce terrain est assez vaste, il sera assez rempli.

Enfin, avant d'entrer en matière, je dois dire encore que, m'adressant à toutes les opinions, j'emploirai à la fois les argumens divers plus spécialement applicables, à chacune d'elles. Ceci n'ôte rien à l'unité de l'accusation, car outre qu'un des caractères principaux du système accusable, est d'avoir rangé contre lui tous les partis, toutes les nuances, notre constitution violée ne se compose pas de tels ou tels principes exclusivement, mais de l'ensemble de ceux vers lesquels chacun semble plus particulièrement incliner. Avoir enfreint les uns aussi bien que les autres ne change pas la culpabilité, mais l'accroit, la complique. J'userai seulement d'un moyen légitime en adressant mes diverses réflexions à ceux qui sont le plus à même de les apprécier, selon qu'elles seront plus sensiblement conséquentes à leurs propres doctrines; j'espère raisonner juste, je tâcherai de raisonner froidement.

Si c'est à la nécessité de la mise en accusation que je m'attache sur tout et d'abord, c'est, je l'ai déjà dit, parce que les coupables sont tels, chacun sait si bien comment, pourquoi, et combien même peut-être, que la culpabilité n'est pas une question; c'est, en même-temps, parce que cette évidence ne me parait pas suivie de la certitude de l'accusation qui devrait se confondre avec elle, qui devrait garantir à tous l'accomplissement du vœux de tous. Enfin. si la mise en accusation était certaine, je n'aurais rien à dire, ou je ne dirais rien.

Cette incertitude est singulière; ce qui ne l'est pas moins, c'est qu'il serait difficile d'indiquer même ce qui la cause, et d'où vient qu'un acte si nécessaire, si juste, si opportun, facile, désiré, reste encore dans le doute, pourquoi ce n'est pas comme une chose dès à présent convenue. Cela tient-il à l'incertitude qui règne aussi sur l'ensemble des affaires futures? Cela tient-il à l'impatience même qu'on avait de ne plus voir ces hommes, et à celle qu'on éprouve de ne se plus occuper d'eux, ne fut-ce que dans l'avenir et pour leur châtiment? Est-on comme endormi par leur disparition. et se dit-on qu'après tout il est sûr au moins qu'il ont perdu le pouvoir? Cède-t-on, enfin, à je ne sais quelles considérations qui n'ont d'importance que celle qu'on leur donne ou qu'on leur laisse prendre?

Mais si l'accusation devait sûrement avoir lieu, rien, dès-lors, qui restât dans le vague, rien qui ne se ressentît du caractère expressif et formel d'une telle prévision. Alors aussi il ne serait plus à craindre que les coupables revinssent jamais au pouvoir; leur chûte, enfin, conséquence de ce que leur système même a eu d'accusable, ne le rend pas moins digne d'une réprobation éclatante, et cette réprobation doit être comme le complément de leur destinée politique.

Quoiqu'il en soit des causes et des considérations qui, malgré l'unanimité nationale sur la punition comme sur la culpabilité, semblent ne pas laisser à la mise en accusation tout ce qu'elle devrait présenter d'immanquable, je ne m'y arrêterai pas davantage; car si j'espère prouver que tous les motifs à la fois se réunissent pour l'exiger impérieusement, si j'encours plutôt le reproche d'avoir examiné la question de nécessité sous trop de faces, que de ne lui avoir pas appliqué tout ce qui s'y rattache, dès-lors il ne restera rien à examiner qui lui soit contradictoire, du moins sérieusement. Ce qu'on lui oppose, d'ailleurs, c'est moins quelque chose à réfuter qu'une sorte d'empêchement muet, inerte, et s'il est un indice marquant d'une durée quelconque d'influence de la part des coupables, c'est qu'à peine on défend leur avenir, sachant bien que ce qu'il y a de moins mauvais pour eux, c'est le silence, un espèce de distraction ou d'engourdissement, l'oubli que, grâce au ciel, ils ont rendu impossible. Déjà, et pendant que j'écris, quelques journaux ont ramené l'attention sur ce qui leur est dû.

Pour mieux voir tout ce qui les condamnent à être jugés, j'ai cherché si, à défaut d'excuses, on pourrait trouver pour eux quelque chose qui, du moins, n'ordonnât pas un châtiment, et par un concours, peut-être sans exemple, de tout ce qui peut rendre indispensable un acte juste, utile, facile, désiré, opportun, la nécessité repose en même-temps sur les principes et sur les intérêts, sur ce que les uns et les autres ont de plus élevé et de plus grave, sur les principes absolus de la justice et de la morale publique, comme sur les principes spéciaux résultant de la forme de notre gouvernement, de quelque manière qu'on la conçoive ; sur les intérêts permanens et généraux, comme sur ceux du moment, sur ceux qui naissent de cette même forme de gouvernement, de la situation dans laquelle le pouvoir, les chambres, la nation, sont placés, des événemens présens ou d'un prochain avenir. Tous ces motifs, enfin, se combinent avec un concours de circonstances, qui donnent à la nécessité tous les avantages d'une opportunité et d'une facilité telles qu'elles ne pourraient, en pareil cas, s'offrir jamais au même dégré.

Examinons d'abord la question dans ses rapports avec la constitution de l'état, sans plus diviser les intérêts et les principes, distinction choquante que les coupables ne peuvent même pas faire valoir; ici, l'accord des uns et des autres se fera sentir de lui-même.

Tout ce qui prouverait la nécessité de rendre force et crédit au gouvernement représentatif, prouverait celle de la mise en accusation ; c'est dans ce sens que je présenterai plusieurs considérations qui, tout en impliquant plusieurs des actes accusables du dernier ministère, non moins que ce qu'ils commandent de juste réparation, donneront à cette discussion première plus de gravité encore que si elle détaillait uniquement les attentats, plus d'étendue et d'élévation que si elle s'attachait aux personnes.

Il est nécessaire de rendre force et crédit au gouvernement représentatif, car le système accusable ne l'a pas seulement désarmé, il a, de plus, travaillé à altérer la confiance que la nation portait à la forme même de son gouvernement. Il a tellement opéré que la restauration est à reprendre, en ce sens que le retour de la dynastie ayant dû être identique avec la fondation d'une autre dynastie d'institutions, si l'on peut dire, permanentes et souveraines comme elle, cette partie intégrante de la restauration a été spoliée et décréditée par les usurpations du système accusable. Le caractère de ce système n'a pas été en effet d'offrir, comme cela peut arriver dans les gouvernemens représentatifs les moins vulnérables, des déviations administratives plus ou moins grandes, plus ou moins nuisibles aux principes de la constitution, une préférence plus ou moins prononcée ou désastreuse pour tel ou tel de ceux qui la composent; il ne fut point une période, comme une autre, du développement et de la marche de notre gouvernement dans telle ou telle direction; non, mais une révolution proprement dite, une réaction en opposition totale avec les institutions mêmes, leur nature et leur durée ; il ne les modifiait pas, il ne les méconnaissait, ne les altérait pas, il les détruisait, et sciemment, volontairement, en les privant de leur crédit comme en leur ravissant leur force. Aussi le renversement du ministère, pourvu qu'il emporte celui du système, ne sera pas seulement une variété administrative dans l'état, mais une époque particulière de renouvellement, de restauration, de retour aux lois mêmes de son existence, si elle reçoit par un acte de répression positive, son complément naturel et obligé.

La plus grande preuve que les coupables n'ont pas seulement mal gouverné, qu'ils ont gouverné révolutionnairement, pour la ruine même de l'organisation sociale, c'est, comme je l'ai déjà dit, qu'ils ne désarmaient pas seulement le gouvernement représentatif, mais qu'ils allaient à le décréditer, bien plus, à ébranler les fondemens de toute monarchie. Ce dernier résultat, quoique proclamé cent fois à la tribune par tous les partis, par les ministres eux-mêmes, offre une question si délicate qu'elle ne peut être traitée qu'avec la plus grande réserve, mais elle importe trop à l'objet dont je m'occupe, pour n'y pas revenir prudemment plus tard.

Le gouvernement représentatif, dirai-je quant à présent, était exposé au discrédit dans l'esprit de la nation, par cela surtout que ces hommes faisaient de ses élémens mêmes l'instrument de sa ruine, et il n'est pas nécessaire de rappeler ici comment ils s'y prenaient. La meilleure manière de le détruire, était moins de le renverser violemment, moins même de le miner peu à peu, que de travailler à en dégouter la France; et la meilleure manière de l'en dégouter, c'était de le lui montrer tournant légalement à sa propre ruine comme à celle du pays, n'ayant rien que de traitreusement offensif contre la France et soi-même, rien de défensif pour lui ni pour elle, fait enfin pour un lent suicide, suicide mortel pour tous ses intérêts et ne laissant survivre que ses ennemis.

La plus effrayante image qu'on ait offerte des révolutions, c'est qu'elles dévorent leurs enfans; qu'eut-ce été d'un gouvernement se dévorant ainsi lui-même? Si la France ne veut pas du régime qui domine l'Espagne, elle ne veut pas non plus, à maints égards, du régime constitutionnel, tel qu'il règne en Angleterre; et c'est là tout au moins où vous la meniez, elle qui attend du gouvernement représentatif ce qu'elle peut lui prêter, réalité et force; elle qui aime ce que vous auriez voulu lui ravir, et rejette ce que vous auriez voulu lui donner, à l'aide même d'institutions qui l'eussent trahie grâce à vous. En Angleterre, des milliers de prolétaires, dont ceux-là seuls se repaissent à souhait, qui peuvent, tous les six ans, vendre leurs suffrages à quelques grands propriétaires, à quelques cadets de nobles maisons, qui les achètent à leur ivresse; une chambre des communes, qu'on a vue souvent vénale, mais qui, après tout, accorde encore plus qu'elle ne coûte; un tas de profusions et de sinécures sanctionnées par le vote légal du budget; un refuge contre le mécontentement du peuple, dans la faveur à prix du parlement; de perpétuelles vicissitudes de ruine réelle et de prospérité factice, nées d'un crédit qu'une trompeuse publicité provoque, et dont un état contre nature vient périodiquement faire avorter les développemens forcés; une infructueuse liberté de la presse, dont les cris ne peuvent même plus atteindre les oreilles émoussées des ministres, qui se plaint tant parce qu'il y a tant à se plaindre, qui leur donne des avocats comme des accusateurs, et ne trouve point d'autre arbitre que les vains arrêts d'une opinion dédaignée; et pardessus tous ces maux, et d'autres encore, une aristocratie dominante qui possède le territoire par ses domaines, saisit les capitaux par le budget, une aristocratie toute puissante qui, maîtresse à la cour, a étendu son empire dans l'état par la chambre haute, où elle siège, par l'autre chambre, où elle règne de fait; une aristocratie enracinée dans les institutions, dans les lois, dans les mœurs : voilà, en Angleterre, le mauvais côté du gouvernement représentatif, et comme on l'y a vu fausser. C'était le moins que vous voulussiez faire de lui pour la France, mais la France ne veut pas; c'est ce dont vous l'eussiez conduite à faire un crime au régime constitutionnel que vous dressiez à un tel usage, comme à vous qui l'y employiez. Pure comédie, selon vous, dans le plan de laquelle entrait une opposition même dont le rôle honorable l'eut relevée, l'eut complettée, comme le contraste des caractères dans une pièce de théâtre.

C'est là où nous menait le système accusable; et il y a long-temps qu'on l'a dit et prouvé. La nécessité de rendre crédit au gouvernement représentatif est donc impérieuse ; je répète qu'elle conclut à celle du châtiment des hommes qui le déconsidéraient de la sorte, non-seulement parce qu'ils portaient ainsi le coup le plus dangereux à la forme essentielle de notre Gouvernement et à tout ce qu'elle garantit, mais parce que ce qu'on lui reprochait surtout, c'était précisément d'aider à sa propre destruction, de n'avoir au moins rien de défensif : c'est là ce qu'il faut d'abord démentir. A cet égard, la France a fait son affaire; elle a, par les élections, prouvé que le système constitutionnel n'était pas illusoire entre ses mains, mais la nation peut penser que ce résultat tient aussi à son esprit, à sa force, choses indépendantes de telle ou telle forme sociale; et d'autant plus, qu'elle n'a pas eu besoin, pour lutter, de l'exercice seulement de ses droits constitutionnels, mais des ressources morales qu'elle a opposées aux manœuvres qui, sans elles, eussent fait des dernières élections un coup de plus porté par le système même à sa propre conservation. Il reste donc à ces formes à prouver leurs propriétés intrinsèques, et surtout leurs propriétés défensives, répressives, puisque ce sont elles qui ont le plus paru frappées d'inaction et d'impuissance. Quoique fassent les Chambres, si elles ne tirent pas du gouvernement représentatif le moyen de punir ceux qui l'ont battu en ruine, c'est-à-dire, de le défendre exemplairement contre quiconque les voudrait imiter, elles n'agiront qu'à moitié pour la restauration constitutionnelle, et l'on pourra croire que leurs actes tiennent plus à leurs sentimens nationaux qu'à la vertu du régime par qui elles existent.

Si la responsabilité ministérielle, propriété fondamentale du Gouvernement représentatif, est dans son application présente une condition pour ainsi dire *sine quâ non* de sa régénération morale en France, ce n'est pas seulement parce qu'il a paru, l'auxiliaire du système accusable, l'aider à faire le mal et à le faire impunément. De toutes les choses difficiles que ce Gouvernement a entreprises en se chargeant d'arrêter la réaction des peuples révolutionnaires contre la monarchie, en combinant pour un même but des forces et des intérêts opposés, souvent hostiles, en agissant par un mécanisme qu'il a fallu dès-lors concevoir de telle sorte qu'il ne remplirait son office qu'autant qu'il créerait des obstacles conservateurs, la plus hardie de toutes a été de remplacer le prestige détruit de la royauté par le dogme de l'infaillibilité royale : *Le Roi ne peut mal faire.* A une époque ou tous les penchans, tous les moyens, toutes les habitudes de l'esprit de critique se sont portés surtout vers le pouvoir, tracer des limites à cette tendance d'un siècle sans superstition et sans docilité, ce fut une entreprise qui ne pouvait se réaliser qu'à l'aide d'une transaction, celle de la responsabilité ministérielle. Si les résultats de cette transaction restaient nuls dans un sens, ils le deviendraient dans tous. La responsabilité des ministres est indivisible avec l'impeccabilité royale, comme la conséquence l'est avec le principe : ce sont une seule et même chose; d'où il suit que celle-là n'est pas moins que celle-ci partie essentielle du Gouvernement représentatif, essentielle entre toutes les autres, fondamentale et sans laquelle le Gouvernement représentatif n'est pas, puisqu'il n'existerait pas sans le dogme de l'inviolabilité royale.

Or, si la théorie d'infaillibilité, sur laquelle aussi repose ce dogme, est le caractère distinctif du régime constitutionnel, comment rendre à ce régime sa puissance d'opinion, à moins de réaliser cette responsabilité ministérielle inséparable des bases même de notre forme de Gouvernement? Je dis puissance d'opinion, non-seulement parce que c'est sous ce rapport que j'examine la nécessité de la réintégration du régime constitutionnel, mais parce que son dogme fondamental d'infaillibilité étant une chose de croyance, on ne peut le sanctionner, lui donner force et vigueur dans les esprits qu'en réalisant la loi de responsabilité avec laquelle il se confond, qui met le fait au bout de la théorie, qui débarrasse celle-ci de ce qu'elle aurait, rationnellement parlant, d'inadmissible. De même que la doctrine essentielle d'impeccabilité implique nécessairement la responsabilité ministérielle, de même sa puissance d'opinion, celle du système tout entier dans celle de ses parties le plus en contact avec l'action des esprits et la plus délicate, exige l'efficacité pratique de cette responsabilité. La force positive du Gouvernement représentatif renaîtra du retour même aux institutions qui sont à la fois ses règles et ses moyens; aussi n'est-ce pas en cela qu'il sera le plus difficile de réparer le mal produit par le système accusable; mais, outre que l'application de la loi de responsabilité concourrait puissamment à ce résultat pratique, si elle ne vient pas sanctionner moralement nos théories politiques, si elle ne prouve pas à la conviction de chacun qu'on accuserait à tort notre Gouvernement d'être fait de principes qu'il serait inhabile à réaliser par leurs conséquences immédiates, comme il serait inhabile à défendre les institutions qui les garantissent, il semble qu'on sera loin de procéder à la restauration du système qui nous régit, à la réparation du mal produit, là où il est le plus grave, où il est le plus difficile et le plus important de le réparer.

En parlant de la nécessité de réaliser le principe de la responsabilité ministérielle, je n'ai pas même dit qu'elle équivalait à la nécessité de la mise en accusation, tant il est sensible que si la dernière administration ne subit en rien l'application de ce principe, il n'arrivera jamais qu'elle soit aussi méritée, c'est-à-dire qu'en tout autre cas elle deviendrait relativement injuste, elle deviendrait pour toujours impossible. L'application actuelle est cependant d'autant plus importante que la responsabilité n'a pas même obtenu chez nous une loi faite et encore vierge, mais qui du moins pourvoie à l'avenir; en sorte que cette application servirait à la fois par ses effets présens et comme un premier précédent, exemple non-seulement mais règle.

Le principe virtuel existe dans la Charte, et si la législation n'a rien fait pour lui, le système accusable a tout fait pour donner occasion et moyen de le rendre efficace. C'est ce dont il faut profiter, ou l'on pourra dire que ce ne sont pas les coupables qui ont manqué, mais les juges. Ils n'ont pas manqué à plus d'un ministre de l'ancienne monarchie.

C'est aux juges cependant qu'il importe surtout de rendre sa force morale au Gouvernement représentatif. Sans doute tous les pouvoirs consacrés par lui sont grandement intéressés à cette régénération ; mais à qui importe-t-elle directement autant qu'aux Chambres qui n'existent qu'en vertu de ce Gouvernement, qui sont nées d'un ordre de choses amené par le progrès même des esprits, et dans lequel leur plus grande part naît moins de leur existence, de leurs prérogatives que de la puissance de cette opinion qui les a engendrées, qui les soutient, qui les observe ? La constitution a créé les Chambres, leur tour est venu de lui rendre cette vie qu'elles en ont reçue, elles n'y gagneront pas moins que la constitution même.

Celle de nos deux assemblées législatives y gagnera sur tout, de laquelle dépend la mise en accusation, et cela par plusieurs raisons qui lui sont comme exclusivement propres.

La mission de tout pouvoir est de consolider ; les moyens de la remplir sont moins analogues à l'essence d'une assemblée élective, nécessairement mobile, parfois remuante, organe d'intérêts qui tendent sans cesse à marcher en avant, à tenir plus de place. La seule manière à peu près dont une telle assemblée peut payer sa dette à la consolidation de l'état, c'est, non comme le pouvoir royal et la Chambre des pairs, par la nature même, par la permanence de leur institution et de leurs prérogatives, mais en déposant, temporaire qu'elle est, et active, en déposant à son passage des actes, des exemples, qui servent d'étais aux fondemens de la constitution, de jalons aux assemblées successives, et qui fassent tourner au maintien des règles fondamentales le mouvement et l'énergie qui lui sont particulières. On a senti que ces propriétés pourraient ne pas s'accorder toujours avec la stabilité politique, aussi l'initiative réservée à la couronne les a-t-elle renfermées sous une compression dont elle tient le ressort ; mais il y a un cas où cette initiative laisse libre la Chambre des Députés, devient sienne, et c'est précisément celui de la mise en accusation. C'est qu'on a senti également que dans ce cas l'action spontanée de cette Chambre était non-seulement indispensable, mais tutélaire, et que cet élément mobile de notre constitution, capable peut-être de l'ébranler sous ses propres déplacemens s'il n'était entravé d'ordinaire, n'avait, pour le consolider, de meilleur moyen que la consécration de ses principes, par le châtiment libre et exemplaire des infractions. La loi vit d'exemples. Le corps électif vivrait par la seule initiative du droit d'accusation, force incalculable.

Ce n'est pas tout. Le système accusable a principalement cherché à décréditer le Gouvernement représentatif par la Chambre même des Députés, c'est-à-dire par celle dont l'attitude influe le plus peut-être sur l'opinion, premier mobile et premier besoin de ce Gouvernement, parce que cette Chambre est le plus sous les yeux de tout le monde, parce que c'est celle dont l'intérêt de chacun est porté à attendre l'intervention la plus usuelle et la plus protectrice, l'esprit public la sympathie la plus directe et la plus vive. En sorte que la Chambre se trouve avoir spécialement à réparer le mal fait en elle à l'ensemble du système, comme à effacer pour son propre compte les préventions et la défaveur qui ont long-temps assiégé l'enceinte où elle va paraître. Par la dissolution, les ministres eux-mêmes ont jugé la dernière assemblée ; ils ont donné à la France le moyen de la condamner formellement. L'assemblée nouvelle sera-t-elle plus indulgente que la France, que le ministère, envers des hommes plus coupables que ceux-là même qui l'étaient avec et par eux ?

J'ajouterai qu'en s'éloignant de la Chambre élective, la popularité s'est retournée vers la Chambre des Pairs, direction honorable sans doute pour celle-ci, mais qui, généralement parlant et surtout lorsqu'elle est exclusive, n'est pas dans le sens naturel et nécessaire de l'ordre de choses qui nous régit. La démocratie, a-t-on dit, coule à pleins bords : oui, mais vers quel sol débordait-elle, où tournait-elle son cours? vers le terrain même de l'aristocratie. Il y a des inconvéniens pour tous les élémens de notre constitution dans cette concentration d'influence populaire aux mains de l'aristocratie. L'opinion peut entraîner ceux même qui l'attirent; en se déplaçant, le fleuve n'a que plus de force. Cette concentration excessive nuirait surtout à la Chambre des Députés. Les Pairs ont eu seuls le mérite de combattre efficacement le ministère déchu; il ne faut pas qu'on puisse dire encore : Si l'autre Chambre l'eût cité devant eux, ils l'auraient puni.

Si la Chambre élective est donc plus particulièrement intéressée, obligée, apte à réparer le discrédit passant de son institution au système dont elle est originaire et qu'elle caractérise surtout aux yeux de l'opinion, s'il y a des préventions à compenser, un cours de popularité à ramener vers son lit naturel, pense-t-on qu'elle y parviendra sans faire rien de qui a fait tout ce mal? Nouvelle surtout qu'elle est, et débutant dans la carrière sous l'impulsion de mobiles si divers que l'ensemble de sa marche, dès à présent difficile à prévoir, aura toujours peut-être quelque chose de tatonnant et d'incertain, n'est-il pas bien important qu'elle se proclame elle-même à l'opinion, qui l'ignore doublement, par un acte expressif, le seul qui puisse l'être à ce point, le seul aussi qui puisse remédier directement au plus grandes blessures faites à tout le système, le seul enfin qui, par une combinaison exclusive peut-être en faveur de cet acte, réunira aisément deux oppositions long-temps confondues dans leurs accusations contre le dernier ministère, et trouvera sans peine une majorité pour une mesure caractéristique et décisive?

Quel meilleur, quel autre moyen aussi d'apprendre au nouveau ministère, dont la composition multiple se complique par celle même de la Chambre, qu'il est pourtant des points sur lesquels l'accord domine les dissidences habituelles, de lui montrer en même-temps une règle au milieu de ses propres hésitations, de celles qui répercuteront sur lui, et un exemple qui lui impose s'il était tenté de ne pas mieux faire que ses prédécesseurs ? De la sorte aussi on lui donnera une arme contre des influences excentriques que ceux-ci ont laissé s'impatroniser dans l'Etat, et s'habituer à ne plus croire impossible ce qui leur plait, ni possible ce qui leur résiste. Autrement enfin, au lieu de ne pas l'avertir seulement, on l'encouragerait tacitement à faire à sa guise, car, que pourrait-il faire de pis que les autres ; qu'aurait-il à craindre, et ne croirait-il pas avoir quelque chose à gagner ? Nous n'en sommes pas encore au point où l'on croie, en politique surtout, que mal faire pour les autres, ce soit ne pas bien faire pour soi-même. Il faut rendre l'égoïsme des hommes publics craintif, puisqu'il n'est pas encore prudent, puisque l'expérience ne l'a point assaini, et que de tant de catastrophes mêmes qu'il s'est attiré, il conclut non pas qu'il fit mal, mais seulement qu'il s'y est mal pris. C'est à la justice à créer la morale par la crainte, et si cette garantie n'est pas la plus sûre, raison de plus pour qu'au moins elle soit rigide.

J'ajouterai que pendant six années d'abus, les habitudes administratives se sont et doivent être, politiquement parlant, profondément dépravées ; la Chambre des Députés qui est le plus en contact avec elles a surtout besoin de donner un grand exemple ; si elle ne le donne pas, sa position, déjà si compliquée à cause de ses propres élémens, va être embarrassée encore de mille obstacles qui, dans le cas contraire, disparaitront soudain d'eux-mêmes. A toutes ces maladies locales, il faut la mort subite pour traitement ; les guérir autrement, fut-ce même possible, emploierait un temps et des moyens que les grandes plaies de l'état réclament. Or, l'action morale de la Chambre élective est la seule qui puisse d'un seul coup détruire toutes ces perturbations accidentelles du corps social, la seule d'ailleurs par laquelle elle puisse opérer d'ensemble et virtuellement sur l'administration. Son action positive, purement intermittente, indirecte, spéciale, fatigante, ne peut être suppléée à certains égards que par la durable impression d'un acte mémorable et tellement significatif qu'il n'y ait moyen de l'oublier ni de s'y méprendre. C'est un coup de fortune pour une assemblée nouvelle, multiple, entourée d'obstacles, au milieu du vague qui domine tout aujourd'hui, que d'avoir à débuter par une manifestation si formelle, si frappante et féconde.

Il faut le dire maintenant à quiconque prend part de haut à l'administration de l'Etat : si un exemple est nécessaire, c'est non-seulement pour ceux qui pourraient inférer de l'impunité le droit d'être coupables, mais pour ceux-là aussi qui le voyant se soucier si peu d'une règle fixe que ses premiers agens mêmes la violent impunément, agiraient envers lui comme envers quiconque manque de règle et de fixité, ou, ce qui est pis, ne met nul intérêt à préserver celles que des lois sacrées lui tracent.

Par exemple, tous les bons citoyens se sont émus des envahissemens de l'ultramontanisme; quelle est, pour ne parler que de celle-là, l'une des causes principales de l'obstination, du succès de cette puissance sacerdotale dans ses usurpations? Ce n'est pas tant parce qu'elle possède un corps constant de doctrines, une impulsion uniforme et régulière, et mainte cause de fixité, de stabilité, que parce qu'elle est la seule jusqu'à présent qui ait eu de tout cela. Rome assume et fait valoir une éternité exclusive d'institution; c'est en donnant à la société une sorte de perpétuité politique qu'on l'armera à l'égal des prétentions qui l'envahissent, et qu'elle pourra opposer la durée à la permanence, se fortifier aussi de la fixité des doctrines, résister à des attaques incessantes par une stabilité profonde. La réforme religieuse ébranla par le schisme l'unité ecclésiastique, la réforme politique doit fonder l'unité, la fixité sociales. Le temps est venu pour l'autorité temporelle d'établir cette permanence dont l'autorité spirituelle use à son détriment : les croyances politiques sont, comme les croyances religieuses, susceptibles d'être fixées. Aujourd'hui surtout que le fanatisme est chose perdue, les unes et les autres seront alors d'égale force.

On peut reprocher aux divers ministères depuis la restauration l'absence des moyens qui donnent au Gouvernement d'un État un corps de doctrines sociales; mais du moins n'ont-ils fait qu'y contribuer négativement, tandis que le dernier ministère a, non pas négligé d'asseoir les bases du Gouvernement, mais les a sappées toutes. Dès-lors le jésuitisme a prévalu de tout l'empire que donne une marche systématique et constante contre l'absence de toute règle fixe; et d'autant plus que ces ministres, tout en suivant sans relâche la volonté de détruire, l'ont fait du reste sans aucun plan précis, renversant çà et là, à mesure qu'ils avançaient, tantôt au profit d'un mal, tantôt au profit d'un autre; ne songeant qu'à ruiner, en aveugles les formes du Gouvernement, sans mesurer d'une manière fixe la part de ceux qui exploitaient tous ces désastres. Qu'est-il arrivé? C'est que le jésuitisme, agissant avec méthode contre l'État dépourvu de toute règle, et derrière une administration sans conduite, gagnait pied à pied et sur lui et sur elle, et se trouvait par la même cause plus fort que la constitution et que ses ennemis.

Quoiqu'il en soit, l'unique moyen de couper court à toutes les usurpations, à toutes les prétentions excentriques du dedans comme du dehors, c'est de consacrer des règles invariables, inflexibles, d'opposer leur immutabilité à celle qui peut naître de la fixité des doctrines, ou de l'innamovibilité des fonctions. Or, pour consacrer ces règles, il faut réprimer ceux qui les ont manifestement violées: la meilleure sanction d'une loi, récente encore surtout comme celle qui nous régit, est dans le châtiment des infractions. Il n'y en a même pas d'autre.

C'est en faisant de la sorte qu'une Chambre élective, toute transitoire qu'elle est, peut le plus, comme je l'ai déjà dit, participer à l'action perpétuante des divers pouvoirs inamovibles de l'État. Cette tâche est simple, d'ailleurs; et s'il est vrai que tout le secret du Gouvernement représentatif, combinant des forces contraires, des tendances opposées, soit de créer des obstacles, parce que ce qu'il doit craindre de cette combinaison, ce sont des chocs et des violences, son procédé le plus naturel doit être d'avoir recours surtout à ce qui empêche. La fixité des grands principes du Gouvernement, la répression de quiconque les viole : voilà ses deux grands moyens opérant l'un par l'autre.

L'importance de cette fixité dans les principes constitutifs d'un état et les règles générales de son administration, domine tous ses intérêts à l'intérieur, à l'extérieur. Lorsqu'on a demandé l'abolition du renouvellement partiel de la Chambre élective, et plus tard, l'établissement de la septennalité, on s'est beaucoup prévalu de la nécessité de donner à l'administration, par la durée d'une même direction dans toutes les branches du pouvoir, le moyen d'en suivre une qui fut aussi constante et stable; ce résultat profiterait, disait-on, à l'ensemble des rapports avec les puissances étrangères, aussi bien qu'à la consolidation et à l'achèvement du système intérieur à l'aide de lois organiques conçues et élaborées suivant un même esprit. Chacun sait si la septennalité a rien produit de tout cela; puis, c'est une étrange méprise que de placer la garantie de la fixité dans l effet de telle ou telle durée d'agens, car, d'abord, en partant de ce principe, le mieux serait de les rendre tous inamovibles. Or, c'est précisément pour n'avoir pas recours à ce dangereux moyen, c'est pour lutter contre ce que les hommes apportent de variation, d'instabilité ou de corruption dans les choses, qu'on a cherché la fixité par les institutions; ce sont elles qui la déterminent en dépit d'eux, qui les garantissent et contre ceux qu'elles régissent et contre ceux qui sont chargés de leur exécution, garanties elles-mêmes par le châtiment de quiconque les viole.

Peut-être, à l'origine d'un gouvernement représentatif, lorsque les lois organiques sont, comme chez nous, encore à faire la plupart, est-ce dans les hommes qu'on est forcé de chercher les moyens de stabilité qui manquent encore au système; mais dans une telle position, les hommes seront d'autant plus coupables qu'ils n'auront pas rempli cet office; ils le seront surtout d'autant plus qu'ils auront, non suppléé, mais attaqué les principes fondamentaux essentiels à la constitution même. L'atteinte, alors, aura été plus criminelle, parce qu'elle aura été plus que jamais en opposition avec la mission des agens, parce qu'aussi elle aura été plus fatale à des principes dépourvus de la sauve-garde d'institutions tutélaires.

En pareil cas, si les infractions ne sont pas chatiées, certes toute fixité devient impossible; personne n'y croira, et quiconque peut tirer parti de cette impossibilité ne manquera pas de le faire tout à son aise, c'est-à-dire quiconque, au dedans ou au dehors du pays, a des pretentions contraires au maintien ou à l'esprit de la loi de l'état. Alors, le changement même d'administration devient, non pas un retour à ses principes, mais une variation de plus, et faute de réprimer les ministres qui ont mal gouverné, ceux qui gouverneraient bien sont, pour l'étranger ou les intérêts anti-nationaux, non des hommes qui régissent l'état d'après ses vraies et immuables règles, pénalement sanctionnées, mais des hommes seulement qui administrent autrement que leurs prédécesseurs, et peuvent être remplacés sans qu'il soit impossible de faire de nouveau comme il fut fait avant eux.

Qu'un grand exemple avertisse donc chacun que, quels que soient les agens du pouvoir, il y a un système national dont il n'est pas licite de dévier, et que s'il a été possible d'en enfreindre jamais les lois, il n'était sûr de le tenter ni de calculer sur la possibilité des infractions. Qu'un acte vraiment conservateur réponde à ce frappant symptôme qui, depuis dix ans, a fait tourner à la ruine des diverses administrations les mesures mêmes destinées par elles à se conserver.

Cet intérêt d'unité et de stabilité me ramène à ce que j'ai dit de la nécessité de rendre exemplairement au gouvernement représentatif la force morale, dont le dépouillaient peu à peu ceux qui voulaient le tourner au détriment du pays. Cet intérêt se lie à des considérations qui rendront cette nécessité encore plus palpable pour les hommes attachés de cœur au principe monarchique en lui-même, comme pour ceux qui placent en lui la sauvegarde de l'état contre l'influence exagérée de telle ou telle de ses classes. Pour que la monarchie soit stable et une, pour que la part de chacun dans l'ordre qui nous régit ne soit pas outrepassée, il faut que le système qui garantit et cette durée et ces limites conserve toute sa puissance d'opinion. C'est surtout pour le maintien de l'équilibre social que cette puissance est plus féconde que la force positive d'un gouvernement; il est possible peut-être qu'il se maintienne par ses seules forces matérielles, mais son autorité morale peut seule le maintenir dans l'assiette même, dans le cercle de son institution. C'est elle qui empêche l'exigeance de se placer à côté du service ; en politique comme en finances le crédit d'un état provoque l'empressement de chacun sans permettre de prétentions exagérées ; c'est elle qui, montrant à tous un centre de puissance assez ferme pour qu'il ne puisse être déplacé, rappelle aux uns qu'il serait vain de vouloir l'ébranler au profit de prétentions excentriques, persuade aux autres que ces prétentions ne pouvant prévaloir contre lui, ils n'ont pas besoin de se faire hors de lui une protection qu'il peut leur fournir.

La tendance à dépasser la part faite à chacun, comme à chercher hors du centre une position forte en elle-même, ne tient pas seulement en France, où elle est si manifeste, à ce que l'administration de l'état s'est trop mise à la merci des uns pour ne pas encourager leur exigeance, ne pas inquiéter les autres, ne pas donner à tous l'idée que chacun pourrait tirer à soi : elle est née aussi de diverses causes, dont quelques-unes sont le résultat du système accusable même. Par exemple, il est évident qu'en opérant de telle sorte que toute la popularité se concentrait sur l'aristocratie constitutionnelle, on allait à lui donner, sinon le penchant, au moins la facilité à prendre dans l'état une position plus étendue encore que la position immense qui lui est échue.

Cette facilité eut résulté de cela même que l'opinion s'éloignait de la totalité du système; il faut l'y ramener, rendre en tous sens sa direction moins exclusive, moins excentrique.

Au reste, l'aristocratie constitutionnelle étant partie intégrante de l'état, ce n'est pas celle dont la part exagérée serait le fait le plus contraire à l'ensemble du gouvernement représentatif. S'il est nécessaire qu'il reprenne toute sa puissance morale, c'est moins pour opposer son énergie de compression à la dilatation de tel ou tel des élémens mêmes qui le composent, que pour contenir ceux qui, en dehors du système politique proprement dit, tendraient à développer trop d'activité et d'influence. C'est bien là ce qui nuirait à l'unité comme à l'équilibre de la monarchie constitutionnelle, puisqu'elle ne comprendrait pas même dans son mécanisme les ressorts qui seraient, de la sorte, mis trop puissamment en jeu.

Il en est plusieurs qu'on pourrait indiquer; j'indiquerai seulement, parmi ces centres particuliers d'influence, celui-là même dont il semble que l'activité plus grande serait moins nuisible au principe monarchique, du moins à son règne nominal, mais qui, plus fatal qu'un autre à cette part de démocratie qui concourt à la constitution de l'état, serait enfin tout aussi contraire qu'un autre à l'unité et à l'équilibre du gouvernement représentatif en lui-même.

Il est aussi une aristocratie sociale, née, soit d'anciens priviléges, soit de la grande propriété, soit d'influences locales et de leur prépondérance naturelle. Je dois reconnaître que le système accusable ne s'est point prété à celui du moins des moyens par lequel ce centre particulier d'influence en eut acquis légalement une plus grande encore; mais outre que ce système donnait à la prétention que j'expliquerai plus bas toute l'autorité résultant des abus qui la provoquaient, c'est en disloquant, comme il faisait, pièce à pièce le gouvernemeut représentatif, qu'il éveillait ce besoin d'être quelque chose d'à part lui; c'est en ruinant sa puissance d'opinion qu'il excitait, en les armant, cette force centrifuge, cette tendance à s'abriter loin d'un édifice démantelé.

Il aurait dû voir cependant que d'autres causes, plus puissantes et plus invétérées, provoquaient déjà ces dispositions à s'isoler de l'unité, à la détruire, ne fut-ce qu'en s'en isolant. Le propre des révolutions, c'est, en créant des prétentions nouvelles, de réveiller celles qui s'étaient amorties par le temps, par la jouissance, par l'ascendant du pouvoir contre lequel se fait la révolution, c'est-à-dire le plus fort devenant le plus faible. Alors réveillées par l'exigence même des intérêts nouveaux comme par l'occasion de lutter plus avantageusement contre la domination attaquée, elles vont soudain, comme on l'a vu en 89, luttant contr'elle avec ces nouveaux intérêts, qu'elles combattent ensuite pour ne pas changer seulement de maîtres. De là vient qu'elles recommencent à la fois le combat contre l'autorité souveraine, et reprennent leur ardeur à l'égard de la majorité nationale; puis, s'il arrive que cette majorité perde par réaction la prédominance qu'elle avait acquise, c'est alors vers ce pouvoir suprême qu'elles reportent ce qu'elles ont retrouvé d'activité, de forces, d'impatience.

Qu'on joigne à ces causes de tendance en dehors de l'unité l'attitude ordinaire, je ne dis pas de l'ancienne puissance féodale, mais seulement de l'ancienne noblesse, à l'égard de la cour et des ministres d'autrefois, monarchie d'alors, les souvenirs qu'elle a conservés de l'importance locale que lui donnaient ses priviléges, ses états provinciaux, vis-à-vis du souverain comme vis-à-vis de la nation; qu'on pèse aussi la disposition innée de chacun à se faire centre, l'excès et les abus de la centralisation administrative; qu'on voie enfin ce que le système accusable a fait pour discréditer comme pour affaiblir ce gouvernement représentatif, qui se destinait d'autant mieux à refaire l'unité, qu'il donnait une part à chacun; et qu'on se demande si elle n'est pas compromise, s'il n'est pas urgent de resserrer les liens de l'ensemble, en lui rendant la confiance et le respect de chacun, par une preuve éclatante de son énergie contre les infractions qui les ont brisés ou relachés.

Les mots sont toujours trop précis pour exprimer juste les dispositions générales d'une époque, avec ce qu'elles ont toujours de vague et de mélangé, alors surtout qu'il s'agit moins encore d'un but déterminé que d'un sentiment confus, alors surtout que les intentions, les arrières pensées, la situation des partis, celle des esprits et des choses se compliquent de mille circonstances et combinaisons diverses, souvent contraires. Ainsi ce n'est pas à dire que l'aristocratie sociale veuille refaire son ancienne prééminence sur les ruines du pouvoir royal et des libertés populaires, moins encore que cette tendance excentrique (qui d'ailleurs ne lui est pas particulière, qui est la maladie générale de notre société) tende aucunement à démembrer la monarchie : je dis seulement qu'elle existe, qu'elle est funeste à l'unité du moins morale de notre gouvernement, funeste que je la crois enfin à tout gouvernement, comme à toute existence de peuple, à toute nationalité. Quant à l'aristocratie sociale en particulier, j'indique qu'ayant repris l'habitude de lutter avec le pouvoir souverain, et excitée au sentiment de son ancienne position par l'effort des masses pour lui ravir ce qui lui en restait, par sa propre réaction sur elles, c'est, aujourd'hui que cet effort est paralysé, imprégnée qu'elle est d'ailleurs à son insu des idées que la révolution a remuées et semées partout, c'est, dis-je, vers l'unité monarchique qu'elle se tourne avec son activité et ses forces nouvelles, non pas hostile, mais inquiète.

Les dernières années pourraient me fournir plus d'un indice de cette disposition, évidente pour ceux qui y regardent plus encore peut-être que pour ceux qui s'y livrent. Je me contenterai de citer celui que j'ai annoncé plus haut.

L'assemblée constituante fit l'unité de la monarchie, car on peut dire qu'à beaucoup d'égards la France avant 89, était un état fédéral. Cette unité devint pour la convention nationale, une de ses plus grandes querelles, comme l'un de ses plus robustes moyens. L'empire en tira la centralisation, méthode administrative bien différente du système social de l'unité et qu'on a trop confondue avec lui.

Maintenant quelle opinion s'est le plus récriée dans ces derniers temps contre l'abus de cette centralisation? Ce ne fut pas celle qui eut réclamé un système municipal établi sur des bases populaires, et qui sentait bien que, dans l'état des choses, on fût arrivé, non à des *municipalités*, mais à des *localités* Or, à quelle influence profiteraient toutes ces fractions d'influences locales, cette organisation plutôt par sommités départementales que par communes? à ceux qui voient dans la centralisation, non pas tant ce qu'elle a de nuisible aux intérêts spéciaux de chaque partie du royaume, que ce qu'elle oppose d'obstacle à l'ascendant et à l'influence excentrique des notabilités provinciales, c'est-à-dire, à ceux qui combattent moins la centralisation pour elle-même, qu'en ce qu'elle a d'analogue à l'unité dont elle est sortie, comme un fait abusif d'un principe salutaire. Le gouvernement représentatif a placé la France sous un même système; la vie politique, sociale et civile, de chaque fraction et de chaque citoyen du royaume est régie par les mêmes regles, il n'y a point, suivant ce système, d'existance ni d'autorité en dehors de son ensemble, commun, uniforme, voilà l'unité politique, et sans elle pas de gouvernement, sans elle pas de nation. L'application des mêmes lois aux divers intérêts part trop exclusivement d'un seul point, voilà la centralisation administrative, défendue par le ministère à cause de ce qu'elle a de mauvais, attaquée par les opinions aristocratiques, moins pour obtenir une application plus avantageuse, plus naturelle et plus simple, municipale en un mot, des règles universelles, que pour modifier cette unité exclusive de toute autre prépondérance que celle des pouvoirs généraux et de l'organisation commune.

Au plus fort de notre révolution, il y eut aussi une aristocratie relative, celle de la bourgeoisie notable à l'égard de la majorité populaire; elle réagissait pareillement contre l'unité. Aujourd'hui c'est encore dans l'unité que les notabilités de rang trouvent le plus grand obstacle à leur influence exagérée et excentrique. Je le répète, je n'inculpe pas les intentions; je ne prétends pas même dire qu'on les conçoive sous ce point de vue; mais je demande à tous les hommes clairvoyans s'il n'est pas juste, et s'il faudrait, pour que la tendance se développât, autre chose que de pouvoir le faire. Or, quelle en serait la conséquence pour le principe monarchique comme pour le gouvernement représentatif, c'est-à-dire, pour les divers pouvoirs seuls reconnus par lui; enfin, pour la vie nationale, pour tous les intérêts que son unité exclusive règle et garantit?

Dans cette situation, n'importe-t-il pas, en réintégrant le gouvernement représentatif (et j'ai répété jusqu'à satiété pourquoi l'usage de la responsabilité ministérielle en était le premier et l'indispensable moyen), de lui rendre tout son ascendant, toute sa force; d'empêcher, en lui fesant tenir dans les esprits comme dans les choses, le rang, la place qu'on veut qu'il ait, c'est-à-dire, la place toute entière, quant à notre existence politique, d'empêcher, dis-je, qu'il ne s'y introduise quelques-unes de ces superfétations qui, plus tard .... Mais ici les prévisions sont inutiles, et les conséquences sont assez évidentes. J'ajouterai, seulement, que toute exentricité, dans le sens surtout que je viens d'indiquer, serait, plus que jamais, contraire à l'ensemble du gouvernement, comme funeste à l'intérêt général. Elle aurait d'abord toute la force d'une chose ancienne, rajeunie par des formes nouvelles ; elle serait, en outre, plus que jadis encore, en dehors de l'état, car alors elle fesait en quelque sorte partie de son organisation politique; en dehors aussi de l'organisation sociale. La révolution a travaillé violemment le pays, elle a détruit les conditions morales et matérielles, les rapports qui mêlaient toutes les classes aux conséquences utiles des anciennes divisions de territoire, des aggrégations particulières, des coutumes et prérogatives locales, du fédéralisme; en un mot, tel qu'il existait avant elle. Les classes aristocratiques, résistant par leur nature à ce qui a confondu le reste de la nation en un tout nouveau, se retrouveraient seules telles qu'elles étaient avant la révolution, seules en présence avec la monarchie et la nation, autres qu'elles n'étaient alors. On peut dire, à ce propos, qu'en tout, une organisation de localité est un des plus grands problèmes résultant du gouvernement représentatif; que c'est le terrain où se rencontrent de plus près les trois pouvoirs qui le composent; qu'il faut se souvenir que la féodalité, adversaire des peuples et des rois, sortit aussi de ce système d'administration locale donné aux Gaules par les Romains ; et qu'enfin, toute différence d'époques à part, il importe d'autant plus de résoudre attentivement un tel problème, que quelques formes du gouvernement représentatif en général, connues de l'ancienne monarchie, ne se sont pas refusées non plus à servir la prépondérance féodale.

Mais ce n'est pas seulement l'esprit excentrique des notabilités qu'il importe aux soutiens obligés de l'unité constitutionnelle, de comprimer, en démentant, en réparant, par un éclatant exemple, tout ce qui pourrait servir à le fortifier, à l'armer. Les journaux de l'ancien ministère ont eux-mêmes dénoncé un autre esprit que je ne dénonce pas, que je ne chercherai pas même à expliquer, tant la question reste délicate. Au moins je demanderai quel parti ces hommes pensent tirer pour leur cause des progrès d'un esprit républicain. Quand les ministres d'un gouvernement crient par tous leurs actes qu'ils espèrent le détruire, au moyen même des institutions qu'ils minent, à qui faut-il s'en prendre s'il arrive qu'on se désintéresse à l'égard d'un système social qui paraîtrait, je l'ai dit, suicide ? C'est bien ici qu'il importe de prouver pénalement l'énergie répressive de la monarchie constitutionnelle, puisque la réponse la plus notoire du système monarchique au système républicain, c'est que des deux il est le seul qui possède les propriétés conservatrices et défensives. Vous parlez du républicanisme ; mais contre qui l'avez-vous provoqué ? Ce n'est pas contre la monarchie despotique ; elle n'existe pas : c'est donc contre la royauté constitutionnelle, c'est-à-dire, contre celle dont vous mésusiez ; car, comment produirait-elle, d'elle-même, ce qu'a produit la tyrannie qu'elle exclut? Ne voyez-vous pas que vos dénonciations tournent doublement contre vous seuls, contre vous qui avez fait un tel usage du gouvernement représentatif qu'on en aurait induit les mêmes idées que du despotisme lui-même, contre vous qui lui devez d'autant plus réparation que votre domination, si long-temps impunie, aurait à elle seule agi sur les esprits comme une tyrannie toute entière ?

Telles et d'autres considérations font d'une mise en accusation une loi d'inévitable nécessité. Son opportunité n'est pas moins évidente ; et elle a aussi quelque chose d'impérieux, car la mise en accusation ne se concilierait pas seulement avec les circonstances, elle est commandée par ce qu'elles ont de plus grave et de plus urgent. J'ai déjà indiqué en passant quelques-unes des causes qui la rendent de la sorte forcément convenable à la position présente du pays; il me reste à en signaler quelques autres.

Mais, auparavant, ne sera-t-il rien dit de ce qu'exigent la justice, la morale publique? Comment se fait-il que la société, siégeant, pour ainsi dire, en permanence dans ses tribunaux, contre ceux qui blessent seulement les intérêts privés, contre ceux qui violent seulement les règles de la morale particulière, ne soit pas constamment sous les armes envers quiconque l'osera frapper dans ce que ses intérêts, dans ce que ses principes ont de plus général et de plus important, de plus sacré, de plus tutélaire? Comment se fait-il du moins, lorsque tant de coups leur ont été portés, qu'à la fin elle ne réagisse pas toute entière contre les aggresseurs, et qu'il faille encore importuner ceux qui la protègent des cris qui demandent justice et réparation, des raisonnemens qui commandent l'une et l'autre?

On voit la logique servir à prouver qu'il y a lieu d'appliquer la loi à tel ou tel cas inculpé; mais qu'il faille être juste, c'est ce qui n'a pas besoin d'argumentation; qu'il faille être juste, c'est ce qui n'a pas besoin du moins de l'argumentation des intérêts, de l'opportunité des circonstances; et c'est à ce point surtout qu'il devient difficile dans une telle question, qu'on est presque honteux de se condamner à raisonner froidement, à raisonner par des calculs, par des convenances.

C'est ce qu'on peut encore faire pourtant, car tels sont les coupables, que les sentimens chaleureux peuvent s'en remettre aux apperçus de l'esprit du soin de les confondre, sans craindre de les confondre moins, et qu'ici la vérité, pour faire mieux sentir toute sa force, n'a pas besoin qu'on s'émeuve, ni qu'on cherche à émouvoir. Laissons enfin à cette question son plus frappant caractère, celui qui, si elle était soumise à un esprit tellement organisé qu'il n'eut que ce qu'il faut pour la comprendre, le convaincrait autant que nous-mêmes.

L'action de la société, ai-je dit, pour la répression des délits contre les individus, est organisée, permanente, souvent bien rigoureuse. Il semble même parfois qu'en la voyant armée toute entière contre un seul coupable à l'égard d'un seul, cette sorte de disproportion cause, non pas seulement de la pitié, mais du scrupule, du malaise, qu'on s'inquiète à l'aspect d'un malheureux cerné sur sa sellette par toutes les forces sociales. Seront-elles du moins conséquentes dans leur rigueur, ou se détenderaient-elles alors précisément qu'elles devraient le plus se roidir, ménageant ceux qui s'en sont pris à la société elle-même, qui l'ont frappée droit au cœur? D'où vient qu'alors elle est moins vigilante et moins sévère, qu'elle semble enfin, non-seulement dans l'usage de ses moyens repressifs, mais dans l'énergie même de son blâme, moins active contre ceux qui l'ont directement offensée? Est-ce générosité, parce qu'il s'agit davantage de sa propre cause, et entend-elle la générosité de façon qu'impitoyable envers le misérable qui ne l'a qu'indirectement attaquée et faiblement, elle soit moins rigoureuse, même en sa réprobation morale, contre les puissans qui l'ont blessée largement et en plein corps? La magnanimité ne se mesure pas à la grandeur de l'offense, mais à la faiblesse de l'agresseur; et si la société peut par fois être généreuse même envers des puissans déchus, parce qu'elle aurait à venger ses propres injures, ce n'est pas lorsqu'ils furent revêtus de son autorité toute entière. L'indulgence serait grande alors, car le crime serait deux fois grand, mais elle serait suspecte, car la puissance sociale se pardonnerait ainsi à elle-même.

Je me trompe d'ailleurs, et la société n'est pas toujours si miséricordieuse, tant s'en faut, envers quiconque l'attaque, même de loin seulement, dans sa généralité. De quel châtiment punit-elle le malheureux qui, placé entre le besoin et l'impuissance, paiera son morceau de pain du denier de cuivre qu'il aura fabriqué lui-même, n'ayant pu l'obtenir au moins de l'aumône? De la mort. De la mort aussi, un déserteur embauché par le mal du pays; de la mort le pestiféré, l'homme sain, peut-être, qui bravera les fusils d'un cordon sanitaire, et fuira ses foyers qu'une loi, souvent égarée par de fausses terreurs, aura changés en mortelle prison.

Ce n'est pas le lieu d'examiner ce que sont ces rigueurs, pour ainsi dire, par induction, et fondées sur la prévision plus ou moins juste d'un mal plus ou moins grand, qu'il s'agit d'arrêter court. Il est évident seulement que le droit de conservation sociale se permet tout et ne pardonne rien, même au droit de conservation individuelle. Pourquoi donc sera-t-il indulgent quand le mal est fait tout entier à la société tout entière, non par la faiblesse qui se défendait peut-être, mais par un pouvoir prévaricateur, attaquant avec les armes qui lui furent confiées? le mal, cette fois, n'a pas besoin d'être prévu: le voilà, total et partout. Ce qui se montre ici par induction, ce ne sont pas les conséquences désastreuses du système accusable; il les a toutes produites, ou s'il lui en reste encore à produire, c'est seulement parcequ'elles ne peuvent être si vîte guéries; ce sont tout au plus les conséquences de son impunité même, et celles-là encore sont évidentes, massives, prochaines, les voilà; celles-là encore ne seraient à perte de vue, que pour s'étendre à tel point, qu'on ne pourrait les saisir toutes d'un même coup-d'œil.

Arrêter court le mal, ai-je dit; mais ici on ne l'a que trop laissé se prolonger. Ce qu'on a prédit qu'il pourrait produire, il l'a produit longuement, mille fois, à son aise; peut-être aussi sera-t-il impossible d'y remédier tout-à-fait. Qu'on n'ajoute pas du moins à des effets incurables, en ne réparant pas ce qui peut être réparé, et cela, c'est l'impunité pour qui voudrait faire de même que ces coupables. Qu'on sorte surtout la société de cette indulgence ou plutôt de cette indifférence complice pour la culpabilité sociale; les hommes conçoivent bien moins la grandeur d'un crime par le mal même qu'il leur a fait, que par le châtiment qui lui est infligé; s'il sert d'exemple aux uns, il sert de mesure aux autres. L'impunité revolte encore moins qu'elle n'étonne, qu'elle ne déroute; on s'indigne de ce qu'un innocent soit puni; si le coupable ne l'est pas, faute de s'appaiser par justice satisfaite, la conscience se tait parce que la justice est muette, parce qu'on la déconcerte et qu'on la déprave.

Cette dépravation sociale qui naît de l'impunité des délits sociaux, est dangereuse surtout à une époque où l'état, depuis trente ans, a été tour à tour attaqué, souvent avec succès, par tous les partis; et ici je distinguerai entre les délits sociaux et les délits politiques proprement dits. Par exemple, je conçois que la haine du moins préserve des conspirateurs du mépris qui poursuit les crimes ordinaires; la grandeur de l'entreprise et du danger, ce qu'on peut reconnaître de fanatisme, de hardiesse, d'abnégation, dans ceux qui la tentent, l'épreuve enfin subie de l'échafaud; ces causes et d'autres, mettent les conspirateurs dans une classe à part. A moins de réussir, et alors même ils se mettent en position qu'on réussisse aussi contr'eux, ils subissent leur châtiment, et ce châtiment même est caution de leur audace, de leur dévouement à telle ou telle religion politique; ils n'étaient pas du moins les agens du pouvoir qu'ils ont attaqué, mais ses ennemis, peut-être même, et nous l'avons vu, ses victimes. Cette fois, s'il y a eu conspiration, il n'y a eu certes, ni fanatisme, ni abnégation, ni audace, pas même succès. Châtiment non plus, et les coupables, ennemis de l'État, il est vrai, mais non ses victimes, comblés par lui et chargés par lui de le défendre, se retirent, battus qu'il sont après des attaques funestes au seul pays, habiles contre lui seul, et dont ils n'ont su employer les ravages du moins à leur victoire, se retirent, non punis, mais récompensés, dédommagés par des honneurs de ne pouvoir plus mal faire, consolés dans leur orgueil de la honte de leur chûte, arborant l'étendart de l'impunité, souriant assis parmi ces juges dont on leur fait des collegues, y jettant de leurs fauteurs, parés de dignités héréditaires comme pour mieux perpétuer ce scandale, si opulens qu'ils se donnent pour pauvres, si impunis qu'ils peuvent préméditer le retour à ce pouvoir dont ils sortent vaincus sur un char de triomphe, et dire, athées nouveaux, à la justice : Où donc es tu, Dieu des peuples ?

Je le demande, non pas, encore une fois, même à des sentimens louables, même à des intérêts légitimes, mais à la plus simple intelligence, je le demanderais à l'être le plus en dehors de tout ce qui est affaires et principes politiques, nature même et destinée humaines : que faudrait-il augurer d'une nation qui verrait de telles choses, que faudrait-il augurer de son avenir comme de sa moralité sociale ? Et si cette nation est généreusement ardente, si elle a de nobles et de grands intérêts, une intelligence rapide et forte ; si, d'ailleurs, depuis trente ans, tout a été mis en question, si plus d'une fois le succès a dérouté les besoins, les vœux, les règles de la morale, si toutes les croyances publiques se sont faussées ou affaiblies, si la maladie est précisément l'absence de religion sociale, le relachement de la probité politique, faut-il jetter dans ce chaos, lorsqu'il tend à se régénérer, un principe de corruption aussi actif que l'exemple d'une telle impunité, d'une telle récompense ? Faut-il, quand ces hommes ont malgré eux servi à refaire un peu l'esprit public, que d'insuffisantes améliorations soient paralysées par une si vigoureuse et fatale réaction sur lui ? faut-il enfin que par son inaction la justice détruise ce qu'ont commencé les coupables ?

La justice est l'atmosphère des sociétés ; ce qui la corromprait le plus, ce ne serait pas la décomposition de ses élémens dans leur action sur les désordres nuisibles aux seuls individus; c'est pour l'ensemble du système qu'elle doit être surtout pure, vive, et qu'autrement elle serait délétère. Ces désordres d'ailleurs, l'intérêt lésé est là qui les combat mieux encore que l'intervention de l'agent officiel préposé à leur empêchement, et c'est bien pour les délits sociaux qu'il faudrait un ministère public, car tout le monde en souffre et personne n'y prend garde : comme le disait l'un de ces ministres à l'appui d'une scandaleuse motion, rien ne se fait de ce qui devrait être fait par tous. Chose étrange, ce ministère public connaissant des délits généraux commis par le pouvoir, c'est-à-dire en ce qu'ils ont de plus facile, de plus coupable, de plus dangereux, ce serait tout au plus le conseil d'état, et l'on sait dans quel sens on a dirigé sa mission, non pour activer leur répression négligeante, mais pour la rendre encore plus faible.

Ne serait il pas à craindre, quant à la punition même des délits particuliers, qu'apparaissant comme seule organisée et effective, bien qu'encore moins importante et plus assurée d'elle-même que celle de la culpabilité sociale, elle ne devint moins exemplaire par la comparaison avec l'impunité de celle-ci ? La justice alors perdrait, dans toutes les applications, de sa force, de son efficacité ; ce qui ne serait pas chatié nuirait même à l'effet du châtiment à l'égard de ce qui serait poursuivi. Dans un temps surtout où de justes réclamations se sont élevées contre certains cas de la pénalité ordinaire, ne faut-il pas prendre garde de donner par des contrastes si scandaleux trop de force à un entraînement de philantropie, dont l'excès serait nuisible à son tour ?

Un homme paraît devant un tribunal, il dit à ses juges : l'amitié a été plus forte chez moi que la foi du serment, que la crainte de la punition ; le sort d'un coupable dépendait de ma déposition, et pour le sauver, pour ne pas l'accabler du moins losrque tout conjurait sa perte, j'ai déposé contre la vérité ; je suis parjure, vous allez me punir ; et cependant des hommes qui, dans un intérêt coupable, ont enfreint leur serment public à la loi du pays qu'ils étaient chargés de défendre, ces hommes sont récompensés.

Un autre lui succède et dit : je n'ai pas trempé dans un complot, mais je ne l'ai pas révélé, j'eusse perdu des malheureux qui me sont chers, j'ai bravé pour eux le châtiment ordonné par la loi ; vous allez me punir, et cependant des hommes qui ont, non pas seulement tu et connu, mais démenti, aidé, partagé la conspiration flagrante contre la loi du pays qu'ils étaient chargés de défendre, ces hommes sont récompensés.

Un autre dit encore : poussé par le désespoir et la misère, j'ai concouru à un crime de faux pour retarder périlleusement ma ruine ; vous allez me punir, et cependant, des hommes qui, pour empêcher plus sûrement la leur, ont exploité l'usurpation du droit sur lequel se fonde le plus la loi du pays qu'ils étaient chargés de défendre, ces hommes sont récompensés.

J'ai été tuteur infidèle, dira celui-ci, peut-être par incurie seulement ; vous allez me punir, et cependant ces hommes sont récompensés, qui ont administré pour la perte du pays qu'ils étaient chargés de défendre, qui ont porté atteinte à ses droits, à sa fortune, à sa moralité même, qui ont tout fait pour le ruiner, l'opprimer, le corrompre.

Un cinquième enfin dira: poussé par la soif de la vengeance et dans le délire d'une passion exaspérée par de longs et terribles griefs, j'ai versé le sang ; vous allez me punir, et cependant ces hommes sont récompensés, dont les derniers jours au pouvoir furent, pour des cris de joie, marqués par l'effusion du sang des citoyens qu'ils étaient chargés de défendre, et qui, dans leur chûte, sont allés tomber sur des cadavres.

Les juges n'en appliqueraient pas moins la loi, mais je le demande quel serait sur leur conscience, sur la conscience publique, l'effet d'oppositions semblables? La justice, alors, serait-elle administrée pour l'édification de tous, et ne semble-t-il pas que, dans un pays qu'épouvanteraient de tels scandales, se rappelant ces temps où l'église fermait ses portes là où quelque grand scandale étendait à tous l'excommunication d'un seul, on chercherait si la justice ne va pas fermer ses temples.

Ce que la justice, ce que la morale publique exigent aussi, quelle cause donc pourrait l'empêcher, quand les circonstances mêmes et la position du moment le demandent? sans revenir sur ce que j'ai déjà indiqué à cet égard, il est quelques considérations qu'il importe de faire encore valoir.

Ainsi, quand j'ai dit que l'application présente de la responsabilité ministérielle profiterait d'autant plus à ce principe fondamental de notre gouvernement, qu'il était encore à réaliser tout entier, qu'elle servirait de premier précédent légal aussi bien que d'exemple, et qu'enfin il ne se représenterait jamais une occasion où cette application pût être plus sensiblement nécessaire et motivée, j'aurais dû ajouter qu'elle prémunira aussi l'avenir contre un danger, plus grave peut-être que tous ceux dont elle doit le préserver. C'est le retour au pouvoir des hommes qui en ont fait un tel usage, que ce péril comprènd tous les autres.

Quelques journaux ont déjà réclamé la mise en accusation comme une garantie contre l'influence posthume du dernier ministère; mais, à mon avis, on n'irait pas assez loin en voyant cette influence agir seulement pour s'incorporer à une fraction de la Chambre des pairs. Elle ne songe pas uniquement à se réfugier en lieu sûr, ou si l'on croit qu'elle travaille à se faire un point d'appui même pour remonter au pouvoir, ce n'est pas, je pense, signaler assez encore ses véritables projets, c'est-à dire, les moyens qu'elle veut employer à les réaliser.

D'abord il n'est pas bien prouvé, je crois, que la Chambre des Pairs fournira au dernier ministère tout ce qu'il feint d'en espérer. N'ayant plus en face d'elle une Chambre des Députés qui laissait l'autorité exécutive sans contrepoids, il est probable qu'elle mitigera l'esprit d'opposition que le danger avait fortifié dans son sein; mais qu'elle aille delà à prendre la position occupée par cette chambre que les ministres eux-mêmes n'ont pu y maintenir, c'est ce qui ne paraît tentant ni présumable. Il ne serait pas même bien sûr pour ces ministres de compter sur un changement réel de majorité à l'aide des 76 pairs de leur création; et sans détailler ici ce qui peut contrebalancer les effets de cette création, ou déjouer en partie ce qu'on se promet d'elle, je me bornerai à rappeler que la promotion des pairs opposée à la motion de M. Barthélemy, n'a pas empêché qu'elle ne passât quelque temps après sous la forme d'une loi.

Quoiqu'il en soit, c'est vers la Chambre des Députés que se tournent réellement les vues du dernier ministère, quant aux combinaisons qui peuvent servir à le ramener au pouvoir; il voit bien que là est vraiment toute la question de la position présente, et c'est par cette difficulté même qu'il espère sortir d'embarras, car à moins de redevenir gouvernement, sa situation, de quelque manière qu'il l'arrange, sera plus difficile encore que s'il revenait aux affaires. Il y a des gens qui ne peuvent pas même être déplacés.

Toute la question de la position présente est dans la Chambre des députés, et il n'en faut qu'une preuve; c'est que le moyen le plus direct de la résoudre, une dissolution, pour demander aux élections une majorité certaine, serait lui-même une difficulté, et celle qui embarasserait le plus, non-seulement parce qu'une telle mesure a toujours quelque chose de fort grave, mais parce qu'il y a telle majorité au moins probable dont on ne se soucierait nullement.

Ce n'est donc pas en changeant la position des choses qu'on songe à la décider, mais en tatonnant, en faisant des essais, et dès-lors le dernier ministère ne juge pas sa résurrection impossible. Une dissolution finirait tout pour lui, mais il ne la craint pas; une administration sortie du côté gauche, il ne craint pas davantage qu'on y ait recours, du moins de prime abord; le ministère actuel, il l'a laissé tel qu'il ne croit pas à sa durée.

C'est par les chefs de l'extrême droite qu'il compte le voir remplacé, et c'est comme cela qu'il espère profiter de ce que la composition multiple de la Chambre semble apporter d'obstacles à celle d'une administration définitive.

Un ministère pris dans l'extrême droite ne pourrait consolider une majorité, ne pourrait recourir à une dissolution, et par conséquent se maintenir; ainsi calculent les derniers ministres; et comme de plus ils espèrent qu'une administration composée dans ce sens suivrait un système beaucoup plus anti-national encore que le leur, ils se bercent de l'idée qu'ils redeviendraient admissibles du moins par comparaison.

Ce n'est pas à leurs successeurs qu'ils pensent pouvoir succéder, mais à une administration à côté de laquelle ils paraîtraient, à leur tour, une sorte de rapprochement vers ces opinions moins précises qui prédominent en général dans les assemblées, alors surtout que les excès des uns provoquant l'exaltation des autres, la masse des esprits timides se concentre, prête à transiger avec tout ce qui sera autre chose que ce qui la trouble et l'agite. Quoiqu'il en soit de ces calculs et de certaines circonstances sur lesquelles ils peuvent s'appuyer, la mise en accusation empêchera d'autant mieux leur réussite, qu'ils reposeraient davantage sur la situation particulière de la Chambre des Députés. Elle l'empêcherait, lors même qu'elle ne frapperait pas au moins d'incapacité quiconque serait atteint par elle.

En effet, l'opportunité de cette mise en accusation ne résulte pas seulement, quant à la Chambre des Députés, des diverses considérations que j'ai déjà fait valoir par rapport à tout ce qui est en dehors d'elle ; c'est dans son propre sein que cet acte déposerait davantage ces résultats, qu'i peut seul créer, en fécondant pour elle des germes d'union qui semblent avoir au moins besoin d'y être développés. Dès-lors le système accusable n'aurait plus d'avenir. Si j'ai dit que cet acte semblait être d'abord le seul à peu-près qui rallierait certainement à une mesure caractéristique une ferme et solide majorité ; si j'ai dit qu'il était d'autant plus nécessaire pour l'assemblée de se proclamer de la sorte, qu'elle est inconnue encore de l'opinion, et se présente à elle sous un aspect multiple, j'aurais dû ajouter que de la sorte aussi elle se proclamerait à elle-même, que ses diverses portions se manifesteraient les unes aux autres, et cela par leur accord même; d'où il suit qu'en s'expliquant on s'entendrait, chose rare, chose difficile surtout pour une assemblée si complexe, importante surtout à son début. Si le premier pas amène une convergence, entamant la marche dans le même sens on tendra d'autant moins à se séparer ; c'est lorsqu'elles commencent au départ, que les divergences aboutissent bien plus loin les unes des autres ; or, à part tout autre résultat, si l'on s'accorde pour la réprobation positive du système accusable, quelle chance lui reste pour l'avenir, quoiqu'il arrive ?

A ce propos j'ajouterai : ce n'est pas seulement moyen d'union qu'il faut dire, c'est en facilitant une majorité, moyen de propre conservation ; car enfin un gouvernement ne peut pas ne point marcher, et si toute marche cependant devenait impossible, parceque la Chambre des Députés n'aurait pu s'en faire une, force serait bien, quoiqu'on en eût, de demander encore aux élections une assemblée qui rendît possible de suivre un système déterminé.

Quant à présent, ce qu'on cherche c'est un ministère dont les membres puissent s'entendre entre eux, avec la chambre, et faire que ses parties mêmes s'entendent entre elles ; c'est donc dans la composition du ministère qu'on place le lien de l'ensemble. Mais si on ne le rencontre pas de ce côté, nécessairement il faudra bien le prendre ailleurs ; et comme l'obstacle à la formation d'une administration qui puisse marcher serait précisément dans la chambre élective, c'est par là qu'on serait contraint de le dissiper pour obtenir à la fois une assemblée et un ministère aptes au mouvement.

Je n'examine pas si telle ou telle fraction de la chambre actuelle est plus intéressée qu'une autre à prévenir la nécessité d'une dissolution ; je dis seulement, qu'il faut une majorité, et que l'application de la responsabilité ministérielle est là, comme pour mettre elle-même la main à cette œuvre difficile ; pour créer la force d'un antécédent, pour déterminer certains points d'accord, pour ébranler dans une même direction, et par une impulsion puissante, ce grand corps qui doit avancer ou se dissoudre.

Ce que j'ai dit du besoin général de fixité et de stabilité dans l'état, comme de ce qu'il exige, devient plus impérieux encore à l'époque où l'une et l'autre ont été plus que jamais compromises, au moment aussi où les esprits sont encore émus des dangers qui nous entouraient, et de l'énergie soudaine qui les a repoussées. Ils se calmeront d'eux-mêmes à l'aspect d'un acte réparateur, d'où renaîtra la confiance; et chacun sait à quel point cette résurrection est aujourd'hui nécessaire aux affaires intérieures du pays, non-seulement par rapport à son existence politique, mais à raison de tous les intérêts qui composent et vivifient son existence entière.

La fixité dans l'état, exemplairement consacrée, est aussi plus que jamais importante relativement aux affaires extérieures. Au moment où il semble que l'Europe s'ébranle, c'est bien à la France à s'affermir, à prendre toute son assiette. Par là, elle reprendra toute sa force, toute sa prépondérance; en sanctionnant sa stabilité constitutionnelle, elle reprendra l'une et l'autre dans le sens le plus conforme et le plus favorable à ses nouvelles destinées, à ses plus grandes ressources comme puissance européenne, c'est-à-dire, en ce que sa prépondérance aura d'action sur ces idées, sur ces gouvernemens constitutionnels dont elle est appelée à être le chef. L'Angleterre lui a escamoté son rang, mais outre que c'est à elle aujourd'hui à craindre, ce semble, pour la stabilité de sa propre existence actuelle, car un ministère tory réveillera ces besoins de réforme que M. Canning avait su assoupir; c'est un contre-sens que l'Angleterre dirigeant le mouvement continental vers un système politique, qui ferait la cohésion de toutes les parties du continent. Tant qu'il y aura en Europe des résistances contre l'établissement d'un régime commun, l'Angleterre ne se refusera pas de pousser à cet établissement comme à une cause de division et de dissidence; mais c'est à la France qu'appartient la direction de cette nouvelle existence politique, non-seulement à cause de sa situation, de ce qu'elle est, de ce qu'elle peut, mais parce qu'elle garantirait à tous la loyauté comme l'efficacité, les avantages de sa médiation. Il ne fallait rien moins que le dernier ministère pour intervertir de la sorte les rôles, les idées, et l'on conçoit que les journaux des ministres anglais aient protesté contre sa chûte; raison de plus pour que la France se montre sanctionnant pénalement ses titres d'institution à la confiance, à l'hommage des idées constitutionnelles, et châtiant ceux qui les ont altérés.

J'ai parlé de l'opportunité d'un exemple à l'égard de l'autorité administrative, par rapport à la correction efficace des habitudes qu'elle a dû contracter pendant six années d'abus, et pour faciliter la marche de la chambre qui semble le plus en contact avec elle. J'ajouterai que la discipline administrative elle-même a besoin d'un exemple qui remette chacun et chaque chose à sa place. Lorsque le pouvoir exécutif est délégué à de tels hommes qu'eux et leurs agens sont comme isolés dans la nation, pense-t-on que, dans cette position désespérée, les liens de la subordination ne se relâchent pas, à peu près comme dans une armée entourée d'ennemis, sur un sol étranger, et sans retraite possible, ou, lorsque lui commandant l'abus de la force, ses généraux sont obligés de laisser la discipline s'affaiblir envers eux-mêmes, comme envers le pays envahi. Je sais bien que le dernier ministère était plus que sévère envers ceux de ses agens qui se refusaient à penser et agir en tout comme il l'entendait, mais il était plus qu'indulgent aussi envers ceux qu'il trouvait moins scrupuleux, car rien de si insubordonné que des janissaires, et la discipline administrative a eu à souffrir de ses rigueurs comme de ses relâchemens. Or de quel droit l'autorité ministérielle serait-elle ferme avec ses agens, si le pouvoir législatif néglige de réprimer ceux qui les ont fait agir? C'est là le meilleur moyen d'avoir des fonctionnaires qui n'aient que la subordination convenable, mais qui l'aient toute, et par là n'arrivent ni à la désobéissance ni à la déconsidération. C'était une chose singulière et assez connue de chacun, que ces ministres, qui exigeaient de leurs agens l'abnégation de toute espèce de personnalité, fussent asservis à quelques-uns, désavoués par la plupart, tellement, que leur tyrannie était comme beaucoup d'autres, inquiète, faible, et retombant aux mains de quelques familiers subalternes.

L'application de la responsabilité ministérielle servirait aussi à rendre plus palpable l'importance d'une mesure législative dont la nouvelle Chambre aura sans doute à s'occuper. Cette mesure proposée à plusieurs reprises même à la dernière assemblée, soigneusement écartée par elle, et qui tendrait à empêcher l'introduction dans la Chambre élective d'une portion du moins par trop grande de fonctionnaires amovibles, ne pourrait être mieux appuyée que par un exemple positif du cas où cette Chambre aurait à prononcer sur les chefs mêmes d'une administration. Le contre-sens et les inconvéniens d'une composition telle que les agens administratifs y entreraient dans une exorbitante proportion, deviendraient alors plus évidens que jamais, et cette évidence tournerait au profit de précautions qui ne seront probablement pas oubliées, maintenant qu'elles peuvent être prises, puisqu'on y avait pensé alors qu'on ne pouvait espérer aucun résultat.

Enfin ce que l'application de la responsabilité ministérielle aurait de concluant contre l'admission exorbitante de fonctionnaires dans la Chambre des députés, s'applique par analogie à un fait particulier à la Chambre des pairs. Ainsi rien ne ferait mieux ressortir les objections contre un acte tel que celui qui a tout récemment attenté à sa dignité et à son indépendance, que l'accusation du système que cet acte a dignement couronné. Non-seulement la réprobation formelle de ce système rejaillirait en général sur une de ses dernières et plus caractéristiques mesures, mais on sentirait d'autant mieux ce qu'a de monstrueux une manœuvre qui, au moment où se présentent les chances de mise en accusation, jette parmi les juges définitifs une quantité de créatures ou d'amis des accusables. Cette question pourrait en soulever bien d'autres.

Que d'intérêts, que de principes dominent donc tout ce sujet! Je n'ai pas tout dit, ni tout développé, et cependant les pages se multiplient. Il faut renvoyer à une seconde partie l'examen de la culpabilité en elle-même, tâche d'ailleurs largement remplie par une récente publication. Alors il s'agirait aussi d'examiner plus spécialement sur qui doit peser l'application de la responsabilité ministérielle, et quelles questions pratiques résultent de l'absence d'une loi sur cette matière.

Ce cadre comporte beaucoup de développemens; j'indiquerai, quant à présent, ce que la culpabilité donnera de facilité à la mise en accusation, car c'est seulement sous ce rapport qu'il importe de l'envisager, et il a assez d'intérêt pour que je ne diffère pas à le faire ressortir sommairement.

D'abord il serait certainement inutile de chercher s'il y a eu système accusable. Il n'est pas même besoin non plus de prouver que la France le juge tel et demande qu'il soit accusé, que la chambre élective se compose dans sa plus grande partie des diverses opinions qui se sont accordées à l'inculper long-temps de la manière la plus grave; il suffit, je le répète, de montrer par quelques traits frappans, à quel point ce système a rendu facile la tâche et le succès de l'accusation.

En signalant sous plusieurs rapports généraux le mal dont la réparation nécessaire conclut à la nécessité de cette accusation, j'ai par cela même indiqué plusieurs et d'immenses griefs. Si je rappèle ce premier exposé, c'est qu'il prévient ce que la défense ne manquerait pas d'invoquer, une sorte de fin de non reçevoir qu'il est utile de réfuter à présent.

On peut s'attendre en effet que la défense chercherait à prouver que la dernière administration a au moins opéré légalement, et que reculant ellemême devant la justification directe de ses actes, elle s'attacherait presqu'entièrement à les couvrir sous ce qu'il y a de légal, du moins à n'être pas illégal.

Je pourrais demander d'abord, si même cette sorte de légalité négative est propre, par exemple, aux fraudes électorales qui vont se manifester de nouveau par tant de preuves, à l'existence avouée des jésuites et des congrégations, objet d'une enquête solennelle, et à d'autres faits que je n'énumérerai même pas, parce que c'est précisément dans le soin qu'on aurait pris de violer la loi, en abusant de la loi même, que le système serait le plus gravement accusable.

Aussi, loin de demander encore depuis quand c'est une excuse, lorsqu'on enfreint la législation générale d'un état, que d'y parvenir en la faisant se trahir elle-même, pour l'administration suprême surtout chargée plus que toute autre du maintien et de l'observation loyale de son esprit; ici, dirai-je, cette précaution est plus coupable que jamais, ici, dirai-je, il est à regretter que la défense ne puisse invoquer en faveur de tous les actes du système, sans exception, le plus de légalité possible : c'est alors surtout que ressortirait bien mieux cette grande et principale accusation, celle d'avoir voulu tourner nos institutions à leur perte, et d'avoir travaillé par là à les décréditer dans les esprits.

Sans revenir ni insister davantage sur ce point, assez frappant d'ailleurs par lui-même, et ajoutant seulement qu'il reste encore assez de faits pour démontrer cette accusation principale de légalité, je passe à ce qui indiquera le mieux à quel point il est facile de motiver l'accusation. Pour cela, examinons le fait même dont la défense pourrait songer davantage à se faire honneur, c'est-à-dire les divers dégrèvemens opérés par la dernière administration.

Ce n'est plus une chose à dire que leur destination évidente; on a assez répété qu'elle allait à paralyser une partie essentielle du corps électoral, celle qui se nourrit de la moyenne propriété. On a ajouté que si ces dégrèvemens opérés, à côté de profusions inutiles, onéreuses, malgré les besoins des services les plus importans, semblaient soulager d'abord l'impôt permanent, ils préparaient pour lui en cas de guerre, alors que les autres produits sont en souffrance, alors que l'un de ces services, le matériel au moins de la défense du pays, exigerait tout-à-coup d'autant plus de dépenses qu'elles n'auraient pas été faites en temps de paix, alors enfin que la propriété elle-même souffrirait le plus aussi, ils préparaient, disait-on, dans ce cas et pour elle, un effort subit, intolérable, peut-être impossible. Alors, en effet, il faudrait non-seulement le ramener, dans des circonstances défavorables, à la quotité d'impôt qu'un état de paix, que l'habitude, que des calculs faits en conséquence, rendaient moins onéreuse, mais lui demander encore de subvenir et à l'accroissement extrême des dépenses, et au déficit résultant de l'altération des autres produits.

On pourrait dire encore, à cet égard, que dans le but électoral même du dégrèvement, l'opération manque aussi à ce qu'elle s'est proposé; car, la guerre arrivant, et avec elle, le retour à l'ancien taux d'imposition, on refait électeurs des hommes mécontens de la réduction qui leur ferma les colléges, mécontens de l'augmentation qui les y ramène; en sorte que si le cas de la réélection se présentait pendant la guerre, par la guerre même peut-être, position où diverses causes peuvent forcer d'y recourir, on se retrouverait avec une puissance électorale irritée, au moment même où il faudrait qu'elle le fut moins, au moment où l'on chercherait une chambre moins résistante, ou plus apte à des besoins nouveaux.

Il est une autre considération, d'autant plus grave qu'elle se rattache à l'un des points qui partage le plus les esprits, et cela, sous le rapport où la dissidence serait moins marquée, c'est-à-dire, de manière à ce que tous convinssent de ce qu'elle impute à la dernière administration.

La division de la propriété est une grande querelle; et, si je dois m'y mêler ici, pour ma part, je ne comprends pas bien ce qu'on lui reproche; mais il y a un point, dans cette question, où toutes les opinions sentiront qu'elle donnerait à penser; c'est si le fractionnement s'opérait aux dépens de la propriété moyenne. Or, ce grave résultat est provoqué par les dégrèvemens qui la déchargent seulement de la très-faible somme qu'il faut pour lui ravir son importance et son action politiques.

Vous êtes venu détailler à la tribune un relevé d'où il suivait que la petite propriété morcellait toujours plus le territoire; mais vous n'avez pas dit sur qui elle envahissait de la sorte. Il est vrai que, selon vous, le nombre des propriétaires, imposés à un taux élevé, diminue progressivement; mais cette progression ne prouve pas la diminution de la grande propriété. Par exemple, il est évident que, si cent propriétaires imposés à 1,000 fr. et au-dessus, disparaissent pour faire place à dix autres qui, en acquérant leurs biens, paieront, à eux seuls, la taxe des 90 vendeurs, la côte au-dessus de 1,000 fr. aura perdu 90 contribuables, précisément parce que plus de sol se sera réuni dans une même main. Ainsi, la grande propriété se reconstituerait également avec vos calculs; ce qui la reconstitue, ce qui augmente aussi le nombre des petits propriétaires, c'est la disparition successive des propriétés moyennes. Cette disparition naît, sur beaucoup de points du royaume, de l'insuffisance des revenus médiocres relativement aux habitudes de luxe que les conditions moyennes n'excluent pas; du mouvement des petits comme des grands capitaux vers les entreprises et les emplois industriels de fonds qui promettent des profits considérables; de l'amorce des spéculations de bourse et d'agiotage; de la direction particulière de la classe moyenne vers les charges vénales, études de notaires, d'avoués, etc., dont le prix, il est vrai, s'est élevé précisément à cause du nombre croissant des compétiteurs, mais qui se prêtent par la nature ordinaire des conventions aux prétentions des capitaux bornés; enfin, de l'avantage qu'il y a pour les moyens propriétaires à fractionner la vente de leur terrain.

Cette dernière cause (et qu'on me pardonne ces détails, car ils se rattachent à la question par leur liaison même à un point bien important de science politique en France) profite à la petite propriété. Voici maintenant ce qui prouve particulièrement l'accroissement de la grande aux dépens de la moyenne.

D'abord la petite ne vend pas; garder est dans son esprit, comme se multiplier est dans sa tendance actuelle; et si donc la grande ne peut se former qu'en concentrant les possessions intermédiaires, elle peut le faire, et chacun sait qu'elle le fait, parce que les gros traitemens, les indemnités, les grands profits des grands capitaux, d'autres causes encore concourent à faire des riches, et que les riches tendent toujours à immobiliser leur fortune surtout si elle est récente; les majorats enfin viennent l'enlever au mouvement qui la retirerait du sol. Ajoutons que par le systéme général de culture actuel, un grand propriétaire a tous les avantages des exploitations restreintes.

Or, si la propriété moyenne est placée dans une position si défavorable, que portée seule à se détruire, elle s'offre seule à l'envahissement des deux autres, entraînées à acquérir, que fait-on, en ruinant, par les dégrévemens, les compensations politiques qui pourraient lui donner de l'appui, du courage? Ces compensations la touchent surtout, non en ce qu'elles l'ornent seulement d'une dignité populaire, mais en ce qu'elles sont pour elle un moyen défensif qu'elle apprécie d'autant plus, qu'elle a le plus souffert de la dernière administration. Dans les provinces, c'est par la capacité électorale qu'elle lutte contre la prépondérance des gens riches, des gens titrés, qu'elle est quelque chose un instant du moins, aux yeux de l'administration qu'on a vue sur tant de points diriger contre elle toute sa malveillance. Cette classe des petits électeurs, si jalouse d'égalité, trouve dans ce titre un moyen de l'invoquer comme de la défendre. Vous pensiez qu'on ne voudrait pas être électeur pour n'être pas membre de quelque jury, et ils vous ont prouvé assez clairement que, fallut-il être juges, ils voulaient en trouver pour vous.

Je le répète, dégrèver mal à propos, c'est dépouiller la petite propriété du dédommagement le plus propre à la soutenir contre sa tendance à disparaître. Dira-t-on qu'on la soulage? Mais fort peu d'abord, quelques francs peuvent suffire à l'amortissement de plusieurs électeurs; puis on prépare par ce soulagement même des charges infiniment plus grandes dans des circonstances beaucoup plus difficiles.

Dira-t-on que si on lui ôte de son importance actuelle, elle la reprendrait plus tard avec ses charges? Mais en attendant, sa ruine, comme influence et force politiques, sociales, aurait agi; elle aurait disparu toujours davantage; ce qui en resterait ne devrait plus le droit électoral à une proportion convenable entre le revenu et l'impôt, mais à un prélèvement intolérable qui reviendrait à faire de ce droit un désavantage hors de toute compensation. Dans cette position, l'État, au moment où il aurait le plus besoin de sacrifices, se trouverait les demander à un reste de moyens propriétaires deux fois mécontens et surchargés, reprenant peut-être leur concours à la création d'une Chambre appelée à sanctionner ces sacrifices; les demander aussi à un corps de grands propriétaires, les moins disposés de tous peut-être à les supporter, devenus d'ailleurs une puissance sans contre-poids dans l'État; enfin, à la petite propriété, n'ayant que le nécessaire et voyant face à face des fortunes énormes. Ce n'est pas là le seul danger de ne laisser nul intermédiaire entre ceux qui ont trop et ceux qui n'ont pas assez. Les périls d'une telle situation sont frappans, de quelque point de vue qu'on les regarde, et je cherche ce qui peut défendre une administration dont l'opération la plus spécieuse, entreprise dans un but anti-constitutionnel, est si accusable jusque dans ses dernières conséquences.

Je n'irai pas plus loin quant à présent, mais à ce point même je demanderai si l'on ne profitera pas de leurs attentats, du moins pour leur apprendre qu'à tort ils ont calculé sur l'inertie de la nation. Ils nous opprimaient en nous insultant, comptant que nous étions faits pour être opprimés: qu'on n'oublie ni ce qu'ils furent ni ce qu'ils nous taxaient d'être; car d'un ennemi deux choses sont bonnes, ses accusations comme ses fautes. Ce sont deux services à tirer de lui sans scrupule ni reconnaissance.

IMPRIMERIE DE DAVID,
BOULEVART POISSONNIÈRE, N° 6.

www.ingramcontent.com/pod-product-compliance
Lightning Source LLC
LaVergne TN
LVHW020438230826
846091LV00004B/1540
9782016112984